BEI GRIN MACHT SICH IHR WISSEN BEZAHLT

- Wir veröffentlichen Ihre Hausarbeit, Bachelor- und Masterarbeit

- Ihr eigenes eBook und Buch - weltweit in allen wichtigen Shops

- Verdienen Sie an jedem Verkauf

Jetzt bei www.GRIN.com hochladen und kostenlos publizieren

Bibliografische Information der Deutschen Nationalbibliothek:

Die Deutsche Bibliothek verzeichnet diese Publikation in der Deutschen Nationalbibliografie; detaillierte bibliografische Daten sind im Internet über http://dnb.d-nb.de/ abrufbar.

Dieses Werk sowie alle darin enthaltenen einzelnen Beiträge und Abbildungen sind urheberrechtlich geschützt. Jede Verwertung, die nicht ausdrücklich vom Urheberrechtsschutz zugelassen ist, bedarf der vorherigen Zustimmung des Verlages. Das gilt insbesondere für Vervielfältigungen, Bearbeitungen, Übersetzungen, Mikroverfilmungen, Auswertungen durch Datenbanken und für die Einspeicherung und Verarbeitung in elektronische Systeme. Alle Rechte, auch die des auszugsweisen Nachdrucks, der fotomechanischen Wiedergabe (einschließlich Mikrokopie) sowie der Auswertung durch Datenbanken oder ähnliche Einrichtungen, vorbehalten.

Impressum:

Copyright © 2018 GRIN Verlag
Druck und Bindung: Books on Demand GmbH, Norderstedt Germany
ISBN: 9783668659087

Dieses Buch bei GRIN:

https://www.grin.com/document/416044

Gregor Becker

Preismanagement und Kooperation. Strategische Analysemethoden, Corporate Identity und Digitalisierung in der Fitness- und Gesundheitsbranche

GRIN Verlag

GRIN - Your knowledge has value

Der GRIN Verlag publiziert seit 1998 wissenschaftliche Arbeiten von Studenten, Hochschullehrern und anderen Akademikern als eBook und gedrucktes Buch. Die Verlagswebsite www.grin.com ist die ideale Plattform zur Veröffentlichung von Hausarbeiten, Abschlussarbeiten, wissenschaftlichen Aufsätzen, Dissertationen und Fachbüchern.

Besuchen Sie uns im Internet:

http://www.grin.com/

http://www.facebook.com/grincom

http://www.twitter.com/grin_com

Deutsche Hochschule für

Prävention und Gesundheitsmanagement

Hermann Neuberger Sportschule 3

66123 Saarbrücken

Einsendeaufgabe

Fachmodul: Marketing 2

Studiengang: BFÖ

**Datum
Präsenzphase:** 8.1. – 11.1.18

Name, Vorname: Becker, Gregor

Studienort: Stuttgart

Semester: WS 14

Inhaltsverzeichnis

1 PREISMANAGEMENT UND KOOPERATION 3

   1.1 Preiselastizität der Nachfrage 3

   1.2 Preisbildung 4

      1.2.1 Anlässe der Preisbildung 4

      1.2.2 Kostenorientierte Preisbildung 4

      1.2.3 Konkurrenzorientierte Preisbildung 4

2 STRATEGISCHE ANALYSEMETHODEN 5

   2.1 Five-Forces-Modell 5

   2.2 Durchführung einer SWOT-Analyse 6

   2.3 Erstellung einer SWOT-Matrix 7

   2.4 BCG-Portfolio und Produktlebenszyklus 7

   2.5 Fazit 8

3 CORPORATE IDENTITY 8

   3.1 Interview-Analyse 8

   3.2 Marktstrategien 9

4 DIGITALISIERUNG IN DER FITNESS- UND GESUNDHEITSBRANCHE 10

5 LITERATURVERZEICHNIS 12

6 ABBILDUNGS- UND TABELLENVERZEICHNIS 13

   6.1 Abbildungsverzeichnis 13

   6.2 Tabellenverzeichnis 13

1 Preismanagement und Kooperation

1.1 Preiselastizität der Nachfrage

Tabelle 1: Daten zur Berechnung Preiselastizität alt/neu

Alt	Neu
2700 MG	2400 MG
40,90 €	45,90 €

Formeln zur Berechnung:

$$(\varepsilon) = \frac{\text{Änderung der Menge in \%}}{\text{Änderung des Preises in \%}}$$

$$\Delta \text{ Menge} = \frac{N(neu) - N(alt)}{N(alt)} \qquad \Delta \text{ Preis} = \frac{P(neu) - P(alt)}{P(alt)}$$

$$\Delta \text{ Menge} = \frac{2400 - 2700}{2700} \qquad \Delta \text{ Preis} = \frac{45,90 - 40,90}{40,90}$$

$$\Delta \text{ Menge} = -0,11 \qquad \Delta \text{ Preis} = 0,122$$

$$(\varepsilon) = \frac{-11,1}{12,2}$$

$$(\varepsilon) = 0,91$$

Nachfrage ist unelastisch $\varepsilon < |1|$, eine 1- prozentige Änderung des Preises hat eine weniger als 1-prozentige Mengenänderung zur Folge (Schlaffke & Plünnecke, 2017, S. 163). Aufgrund der unelastischen Nachfrage auf die Preisänderung wäre eine Preiserhöhung aus Anbieter Sicht Lohnenswert. Gedanklich assoziert der Kunde mit einer Preiserhöhung einen gleichzeitigen Anstieg der Qualität, ebenfalls wird die Preisveränderung von vielen Kunden nicht sofort wahrgenommen. Der Faktor der Produktlagerbarkeit – Dienstleistung ist nicht lagerbar, senkt die Preisempfindlichkeit des Kunden gleichermaßen. (Schlaffke & Plünnecke, 2017, S.162 - 163).
Dennoch liegt der Wert mit 0,91 sehr nahe am elastischen Wert von 1, was erfahrungsgemäß zu Problemen führen kann.

1.2 Preisbildung

1.2.1 Anlässe der Preisbildung

Die Primärzielsetzung der X&Y Health GmbH ist die Ermittlung einer optimalen Preisstruktur für Mitgliedschaften innerhalb der Clubs zu finden und die Expansion des Unternehmens weiter zu fördern. Demnach ergibt sich der Anlass der Markterschließung, zur Etablierung weiterer Anlagen auf dem Markt. Als Produkt- und Leistungsstrategie nach der Ansoff-Matrix kann die Marktentwicklunsstrategie verwendet werden, aktuelle Produkte werden auf neuen Märkten etabliert.

1.2.2 Kostenorientierte Preisbildung

Zur Ermittlung des Mitgliedschaftspreises wird die Kostenzuschlagskalkulation verwendet. Den errechneten Kosten der Dienstleistung wird ein beliebiger oder Branchenüblicher Gewinnzuschlag hinzugerechnet.

Tabelle 2: Daten zur Berechnung Mitgliedsbeitrag

Fixkosten 650.000 €
Mitglieder 2800
Variable Kosten 8.50 € p.p Monat
Gewinnzuschlag 15 %

650.00 : 12 : 2800 + 8,5

= 27,85 x 1,15

= 32,03 (netto)

32,03 x 1,19

= 38 € (brutto)

Der X&Y Health GmbH würde so ein Gewinn von 4,18 € (netto) pro verkaufte Mitgliedschaft entstehen.

1.2.3 Konkurrenzorientierte Preisbildung

Die Preisbildung erfolgt durch Orientierung, an den bestehende Preisen der Konkurrenz für die gleiche Dienstleistung am Markt. Anhand dieser Werte passt die X&Y Health GmbH ihre Preise an. Im Hinblick auf die hohe Service und Dienstleistungsorientierung des Unternehmens, sollte der um 5 – 10 € niedrigere Preis der Konkurrenz nicht unterboten werden. Eine Preiserhöhung der X&Y Health GmbH bei gleichzeitiger Verbesserung der Betreuung und des Service sollte angestrebt werden gleichfalls setzt sich das Unternehmen von der Konkurrenz ab. Die Preiserhöhung würde von vielen Kunden ebenfalls als Qualitätsverbesserung wahrgenommen werden. Bei einer solchen Maßnahme sollte explizit auf gut geschultes Personal gesetzt werden.

2 Strategische Analysemethoden

2.1 Five-Forces-Modell

Betrachtung des Unternehmens Freeletics gemäß Five-Forces-Modell nach Porter.

Abbildung 1: Five-Forces-Modell

2.2 Durchführung einer SWOT-Analyse

Tabelle 3: SWOT-Teilanalyse stärken/schwächen

Stärken	Schwächen
Global aktiv in über 160 Ländern mit über 5 Millionen Mitgliedern, Am schnellsten wachsendes Sport- und Lifestyle Unternehmen weltweit.	Etwas Teurer als Konkurrent Gymondo.
Qualifiziertes, motiviertes Team – hält die Mitarbeiter Fluktuation gerening.	Keine direkte Betreuung bzw. Überprüfung der Übungsausführung
Training ist Ortsunabhängig – keine Fest Trainingsort nötig, daher sehr flexibel.	Zusatzkosten für neue Übung, Coaching und Ernährungstipps.

Tabelle 4: SWOT-Analyse chancen/risiken

Chancen	Risiken
Einführung von Frauenspezifischem oder Seniorentraining.	Provider Abhängig (Appstore, Googleplay) – Plattformen für Softwarevertrieb nötig.
Durch aktive Investor suche des Unternehmens, ergeben sich viele neue Optionen der Expansion und Wachstums durch Fremdkapital (Scherkamp, 2017).	Gefahr des Verlusts der eigenen Identität des Unternehmens sowie der Kernkompetenz, durch zu viele Investoren oder Käufer.
Laterale Diversifikation - Durch Modekollektion Zusammenarbeit mit Onlineshops und Ernährungspläne Erschließung neuer Märkte und größerer Einfluss in das Leben der Kunden (Dr. Wieselhuber & Partner, 2016, S. 18).	Hardware abhängig – Ohne Laptop, Handy oder Tablet kein nutzen.

2.3 Erstellung einer SWOT-Matrix

Tabelle 5: SWOT-Matrix

	Chancen	Risiken
Stärken	Marktstärke von Freeletics stößt auf potenzielle Investore und eröffnnt neue Chancen auf dem Markt. Erschließung neuer Märkte durch Modekollektion.	Marktmacht nuzten um sich von bestehenden Konkurrenten abzuheben und Einstiegsbarriere neue für Konkurrenz zu schaffen. Durch Fremdkapital neue Angebote schaffen und innovativ zu sein.
Schwächen	Stetige Überarbeitung und Verbesserung der Übungsvideos beibehalten, um mangelnde persönliche Betreuung kompensieren zu können. Abhängigkeit der Kunden von externer Hardware nutzen um eigenes Gerät (Smartwatch) auf Markt zu implementieren.	Einführung neuer Geschäftsmodelle z.B, Outdoor Kurse mit der Community. Provider Unabhängigkeit anstreben durch loslösen von Anbieterplattformen.

2.4 BCG-Portfolio und Produktlebenszyklus

Fitnessapps befinden sich im Bereich der Stars des BCG-Portfolio, das Produkt befindet sich weiterhin in der Wachstumsphase und hat einen hohen Marktanteil sowie ein hohes Marktwachstum. Es sollte zur Investitionsstrategie gegriffen werden, um Marktanteile zu halten und auszubauen.

Betrachtet man das Unternehmen Freeletics anhand des Produktlebenszyklus so befindet sich das Unternehmen in der Phase der Wachstums.

2.5 Fazit

Als Schlussfolgerungen für das eigene Unternehmen ergibt sich dass die Implementierung einer eigenen Fitnessapp für die Kunden durchaus viel Potenzial verspricht. Vor allem das junge sehr Technikaffine Publikum wird die App mit Begeisterung annehmen. Die Programmierung einer eigenständigen App oder die Kooperation mit einer bereits vorhanden macht unter Betrachtung des Standpunkts der Fitnessapps im BCG-Portfolio definitiv Sinn. Eine Investition wäre das Richtige. Die SWOT-Analyse hat das Zukunftspotenzial des Fitnessappmarkts weiter verdeutlicht und verspricht weitere Markterschließungen mit einer gut funktionierenden App. Um Riciken zu vermieden sollte auf eine von Beginn an hohe Qualität der App gesetzt werden. Vor allem wenn Übung ngezeigt oder Ernährungsratschläge gegeben werden. Anderenfalls kann dies bestehende- und Potenzielle Kunden vergraulen.

3 Corporate Identity

3.1 Interview-Analyse

6 Anzeichen für Überarbeitete Corporate Identity bei Kieser Training.
1. In Zusammenbeißt mit Werbeagentur Ableitung eines neuen Leitsatzes: Ja zu einem starken Körper.
2. Veränderte Corporate Identity durch Farbwechsel von Gelb zu Blau.
3. Einsatz neuer Werbekanäle und verbesserter Kommunikation, durch Webseite, Soziale Medien, Kundenmagazin und einem Blog von Werner Kieser selbst.
4. Entwicklung und Vertrieb neuartiger Maschinen, für Beckenbodenmuskulatur, um Kernkompetenz noch weiter zu verbessern und auszubauen.
5. Ansprache neuer Zielgruppe 30-50 Jährige durch coole neue Plakatkampagne.
6. Neues Print-on-Demand-System das einzelnen Filialen individuelle Anpassung für Werbeelemente ermöglicht.

Ein veraltetes Image kann als Grund für eine neue Ausrichtung der Corporate Identity gesehen werden. Im Fallbeispiel von Kieser stand das Unternehmen für viele potenzielle Kunden als Studio in dem nur kranke und alte Leute trainieren dar. Ebenso kann eine gewählte Farbe stark mit einer anderen Marke assoziiert werden, die von der Kernleistung des eigenen Unternehmens stark abweicht und somit dem Kunden ein falsches Bild vermitteln können, da eigene Qualität weit höher als die des Konkurrenten ist. Eine Modernisierung und Anpassung der eigenen Corporate Identity durch neue Werbekampagnen kann andere Zielgruppen ansprechen und wie im Fall von Kieser Training ein Publikum der 30 bis 50 Jährigen erreichen. Geplante Expansionen des Unternehmens in andere Länder und Sparten durch Investitionen in die Entwicklung, Kieser entwickelt einzigartige Maschinentypen zur Stärkung der Beckenbodenmuskulatur für die eigenen Filialen.

Das Unternehmen Subway änderte nach einer Gewinneinbuße von 4,3% seit 15 Jahren wieder das Firmenlogo. Das neue Logo solle die Hingabe zur Frische und das Zukunftsorientierte denken des Unternehmens, dank des neuen klaren und selbstbewussten Designs verstärken, ohne dabei die eigene Herkunft zu vergessen (vgl. Schaffrinna, 2016). Nach Design- und Überarbeitung der Benutzerfreundlichkeit der Video-Plattform YouTube änderte das Unternehmen auch gleich das seit 12 Jahren bekannte Logo. Das vereinfachte Logo soll die vereinfachte Benutzung der Seite wiederspiegeln (Berliner Zeitung, 2018).

Die Weiterentwicklung und Modernisierung der Filialen und die Expansion auf dem chinesischen Markt durch E-Commerce sowie die kommenden Pop-up Stores hatte bei Aldi Süd ebenfalls eine Veränderung des bekannten Firmendesigns zur Folge. Das Prinzip der Einfachheit soll hervorgehoben werden (Schobelt, 2017). Zur Stärkung und Verdeutlichung der eigenen Position als wertvollste automobil Premiummarke der Welt und dem Release der neuen C-Klasse T-Modells änderte Mercedes-Benz das Erscheinungsbild des Unternehmens. Als zentrales Hauptsymbol ist der Stern geblieben, dieser wird nur anders dargestellt, auf Fahrzeugen z.B. dreidimensional (Corporate Identity Portal, 2007).

3.2 Marktstrategien

Im Rahmen der Marktbearbeitung verfolgt Kieser die Strategie der differenzierten Marktspezialisierung. Die Bedürfnisse der Kunden, in diesem Fall gesundheitliche Beschwerden oder präventives Training werden befriedigt. Das Angebot und Marketing ist an genau jenes Segment des Markts angepasst. Die gewählte Wettbewerbsstrategie ist eine nischenorientierte Differenzierungsstrategie. Mit qualitativ hochwertiger Betreuung wird nur eine spezielle Kundengruppe angesprochen.

Kieser führt auf bestehenden Märkten neue Produkte ein z.B. einzigartige Beckenbodenmaschine – Produktinnovation.

Im Rahmen der Marktentwicklung wird eine neue Kundengruppe erschlossen – 30-50 Jährige.

4 Digitalisierung in der Fitness- und Gesundheitsbranche

Aufgrund des veralteten Studios zu dem höchstwahrscheinlich ein veralteter Thekenbereich sowie ein altmodischer Gerätepark zählen sollte die erste Maßnahme ein von Grund auf erneuertes Interieur im gesamten Studio betreffen. Eine Modernisierung des Check-In an der Theke durch ein Terminal das dem Kunden die Trainingsdauer sowie Frequenz der letzten Wochen anzeigt und bei Bedarf auf den nächsten Check-Up Termin mit einem Kompetenten Trainer hinweist. Termine sollten simpel am Terminal per Touchscreen vereinbart werden können, ohne extra jemanden vom Personal rufen zu müssen. Jedoch kann so der Persönliche Kontakt zum Kunden verloren gehen. Bei der preislichen Struktur der Anlagen und des guten Rufs der Trainiere wäre dies sicher ein Qualitätssprung und eine guter Grund für den Preis oder eine Option diesen zu erhöhen. Bei Anmeldung sollte Checkin-Chip mit einer App gekoppelt sein. sodass bei längerer Trainingsabstinenz eine Mitteilung auf das Mobiltelefon des Kunden kommt, so lässt sich zum einen die Motivation des Kunden positiv beeinflussen als auch sein Trainingsverhalten studieren. Diese Kopplung bietet auch die Möglichkeit Ernährung- oder Trainingspläne zu versenden und Termine zu vereinbaren, es wäre ebenfalls denkbar Kooperationen mit Online Händlern im Bereich Kleidung oder Fitnesssupplements zu schließen, so könnten Kunden Produkte über App bestellen oder diese durch App vorgeschlagen bekommen. In einer zukunftsorientierten Metropole wie Berlin besonders im Bezirk Friedrichshein-Kreuzberg mit einem Durchschnittalter von 37.8 Jahre und einem alternativen, kreativen und vielfältigem Kulturleben finden sich mit Sicherheit viele Interessenten die ein solch modernes Angebot wollen. Problematisch könnte die Komplette Vernetzung und Synchronisierung zwischen Handy, App und Fitness-Studio in Bezug auf die Frage des Datenschutzes werden. Hier wäre juristischer Rat bei Implementierung ratsam. Im Punkt Gerätemodernisierung wären Geräte die das Gewicht du Sitzposition selbständig bei Aktivierung über Checkin-Chip einstellen ein weiterer Schritt in Richtung Zukunft. Eine schnelle Wartung muss gegeben sein um ausfälle der Technik oder Programmfehler schnell zu beheben. Im schlimmsten Fall würde dies zum Ausfall des Geräts führen. Eine solche Verbesserung des Geräteparks wäre selbstverständlich mit hohen Kosten verbunden. Trainings- und Kursräume sogar die Sauna können mit Ambilightwänden oder Blanken Wänden auf die Licht, Muster oder Landschaften projiziert, ausgestattet werden, so kann je nach Kurs, Tag oder Klientel eine andere Emotion geliefert werden. Desweitern sieht das Studio so immer leicht verändert aus. Auch hier sind wieder die Wartung und die Kosten zentrales Element des Risikos. Auch sind etwaige Probleme mit Epileptikern nicht ausgeschlossen, die bei Projektionen eventuell Anfälle bekommen können. Dies sollte im Vorfeld immer bei Vertragsabschluss geklärt werden. Check-Ups mit Trainern können durch DNA- oder Bluttests erweitert werden um das Ideale Training für jeden Kunden zu finden, diese Betreuungskomponente sollte nur unter Zuzahlung stattfinden. Da mit empfindlichen Daten des Kunden gearbeitet wird, ist Sensibilität des Trainers und Datenschutz besonders wichtig.

5 Literaturverzeichnis

Schlaffke W. & Plünnecke A. (2017). *Studienbrief Marketing II*. Deutsche Hochschule für Gesundheitsmanagement und Prävention.

Scherkamp H. (2017). *Freeletics sucht einen Käufer oder Investor*. Gründerszene Zugriff am 20.01.2018 unter: https://www.gruenderszene.de/allgemein/freeletics-fitness-app-kauf-investment

Gründerzene. (o.J.) Zugriff am 20.01.2018 unter: https://www.gruenderszene.de/datenbank/unternehmen/freeletics

Schaffrinna A., (2016). *Subway bekommt erstmals seit 15 Jahren ein neues Logo*. Designtagebuch. Zugriff am 21.01.2018 unter: https://www.designtagebuch.de/subway-bekommt-erstmals-seit-15-jahren-ein-neues-logo/

Berliner Zeitung (2017). *Schon bemerkt?: Youtube hat ein neues Logo – zum ersten Mal seit zwölf Jahren*. Berliner Zeitung. Zugriff am 21.01.2018 unter: https://www.berliner-zeitung.de/digital/schon-bemerkt--youtube-hat-ein-neues-logo---zum-ersten-mal-seit-zwoelf-jahren-28250740

Schobelt F., (2017). *So sieht das neue Logo von Aldi Süd aus*. W&V. Zugriff am 21.01.2018 unter: https://www.wuv.de/marketing/so_sieht_das_neue_logo_von_aldi_sued_aus

Corporate Identity Portal (2007). *Mercedes-Benz: Neues Erscheinungsbild*. Zugriff am 21.01.2018 unter: http://www.ci-portal.de/mercedes-benz-neues-erscheinungsbild/

Dr. Wieselhuber & Partnes (2016). *Fit for Success – Strategien für die Gewinner in der Sport- und Freizeitbranche*. Zugriff am 22.01.2018 unter: https://www.wieselhuber.de/modules/file/139/FitforSuccessSport.pdf

6 Abbildungs- und Tabellenverzeichnis

6.1 Abbildungsverzeichnis

Abbildung 1: Five-Forces-Modell 5

6.2 Tabellenverzeichnis

Tabelle 1: Daten zur Berechnung Preiselastizität alt/neu 3
Tabelle 2: Daten zur Berechnung Mitgliedsbeitrag 4
Tabelle 3: SWOT-Teilanalyse stärken/schwächen 6
Tabelle 4: SWOT-Analyse chancen/risiken 6
Tabelle 5: SWOT-Matrix 7

BEI GRIN MACHT SICH IHR WISSEN BEZAHLT

- Wir veröffentlichen Ihre Hausarbeit, Bachelor- und Masterarbeit

- Ihr eigenes eBook und Buch - weltweit in allen wichtigen Shops

- Verdienen Sie an jedem Verkauf

Jetzt bei www.GRIN.com hochladen und kostenlos publizieren